Comètes, astéroïdes et météorites

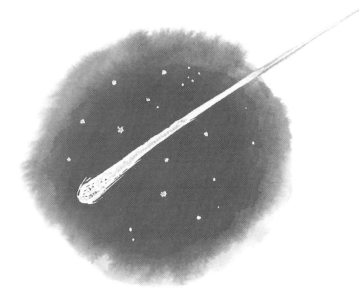

Texte de
Cynthia Pratt Nicolson

Illustrations de
Bill Slavin

Texte français de
Lucie Duchesne
en collaboration avec Ève Christian, météorologue

Les éditions Scholastic

À ma famille

Remerciements

Je veux remercier deux docteurs en astronomie,
Tom Gehrels de l'Université de l'Arizona et Colin Scarge de l'Université de Victoria.

Leurs commentaires ont grandement contribué à assurer l'exactitude scientifique de ce livre.
Il va sans dire que toute erreur qui pourrait s'y être glissée sera mon entière responsabilité.

Je désire aussi remercier le personnel de la bibliothèque publique de Vancouver
ainsi que l'enseignant-bibliothécaire David Gloag qui m'ont aidée à trouver les informations
les plus diverses comme des activités au sujet des comètes et le nom d'une femme en Alabama
qui a été blessée par une météorite en 1954.

Comme toujours, je n'ai que des félicitations à faire au personnel de Kids Can Press,
et en particulier à Laura Ellis qui a révisé ce livre et avec qui je travaillais pour la première fois.
Enfin, une pensée spéciale pour ma famille et mes amis, dont le soutien ne s'est jamais démenti.

Données de catalogage avant publication (Canada)

Nicolson, Cynthia Pratt
     Comètes, astéroïdes et météorites

(Destination univers)
Traduction de : Comets, asteroids and meteorites.
ISBN 0-439-00485-3

1. Comètes - Ouvrages pour la jeunesse. 2. Astéroïdes - Ouvrages pour la
jeunesse. 3. Météorites - Ouvrages pour la jeunesse. I. Slavin, Bill.
II. Duchesne, Lucie. III. Titre. IV. Collection.

QB721.5.N5214 1999   j523.6   C99-930566-2

Crédits photographiques
NASA

Conception graphique du texte : Marie Bartholomew

Mise en page et conception graphique de la couverture : Esperança Melo

Édition publiée par Les éditions Scholastic, 175, Hillmount Road, Markham (Ontario) L6C 1Z7,
avec la permission de Kids Can Press Ltd.

5 4 3 2 1   Imprimé à Hong-Kong   9 / 9 0 1 2 3 4 / 0

Table des matières

Les roches de l'espace : les comètes, les astéroïdes et les météorites

Des roches qui tombent du ciel, des lumières étranges qui clignotent et brillent, des cratères dans le sol : il y a longtemps, les gens observaient ces phénomènes avec émerveillement et crainte. Aujourd'hui, nous en savons beaucoup plus au sujet des comètes, des astéroïdes et des météorites. Voici ce que les scientifiques nous disent sur ces roches de l'espace étonnantes et parfois dangereuses.

Qu'est-ce qu'une comète?

Une comète est une boule de glace, de gaz et de poussière de roche. Elle fait le tour du Soleil en suivant une longue trajectoire presque ovale appelé orbite.

Lorsqu'une comète passe près du Soleil, une tête brillante et une longue queue apparaissent. De la Terre, on peut facilement voir les comètes brillantes.

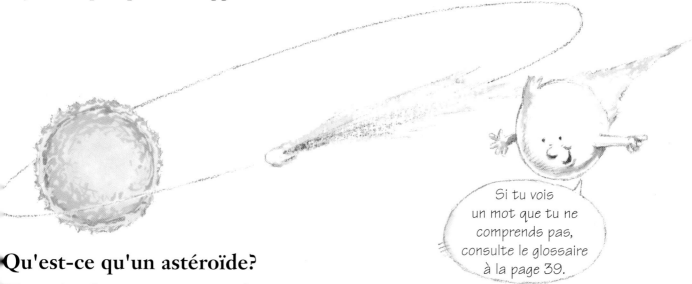

Si tu vois un mot que tu ne comprends pas, consulte le glossaire à la page 39.

Qu'est-ce qu'un astéroïde?

Un astéroïde est un morceau de roc ou de métal en orbite autour du Soleil.

La plupart des astéroïdes se déplacent dans une zone entre les orbites de Mars et de Jupiter, mais certains croisent la trajectoire de la Terre. Les astéroïdes sont difficiles à apercevoir. Au télescope, ils ressemblent à de petites étoiles.

Qu'est-ce qu'une météorite?

Les astéroïdes entrent souvent en collision, et leurs débris sont projetés dans l'espace. Lorsqu'un de ces fragments rocheux arrive sur la Terre, on dit que c'est une météorite.

Les comètes : des voyageuses de l'espace

Une boule de lumière voilée jette une lueur étrange dans le ciel nocturne. Aujourd'hui, nous savons que c'est une comète qui poursuit son long voyage autour du Soleil. Il y a longtemps, les gens étaient terrifiés par ces visiteuses fantomatiques. Ils les croyaient responsables des tempêtes, des tremblements de terre, des maladies et des décès.

La comète de Halley, l'une des comètes les plus célèbres, fascine les gens depuis des siècles.

Légendes sur les comètes

En 1665, des milliers de personnes de Londres (Angleterre) moururent d'une terrible maladie. L'année suivante, un incendie ravagea presque complètement la ville. Parce que deux comètes avaient traversé le ciel à ces deux occasions, bien des gens ont cru qu'une comète signifiait un désastre.

Dans la Chine ancienne, on disait que la queue d'une comète ressemblait à un balai et que les dieux utilisaient la comète pour chasser le mal.

En 1066, la comète de Halley avait traversé le ciel pendant que Guillaume le Conquérant se préparait à envahir l'Angleterre. Plus tard cette année-là, il a vaincu Harold II à la bataille de Hastings, et les hommes de Harold attribuèrent leur défaite à la comète.

Une comète brillante fut aperçue peu après l'assassinat de l'empereur romain Jules César. Des gens dirent que la comète était l'âme de César qui venait hanter ses ennemis. Octave, petit-neveu et héritier de César, prétendait que la comète voulait dire que César était un dieu.

De quoi sont faites les comètes?

On compare souvent les comètes à des «boules de neige sale». C'est parce que les comètes possèdent un noyau fait de poussière, de glace et de gaz glacés.

Chaque fois qu'une comète approche le Soleil, son noyau glacé se réchauffe. Les gaz et la poussière s'en échappent et entourent le noyau d'un énorme nuage appelé «chevelure». L'énergie solaire transforme une partie du gaz et de la poussière de la comète en une ou plusieurs queues minces.

> Si tu construisais la maquette d'une comète dont le noyau serait gros comme un petit pois, la chevelure de ta comète sera aussi grande qu'un terrain de football et sa queue mesurerait 100 km.

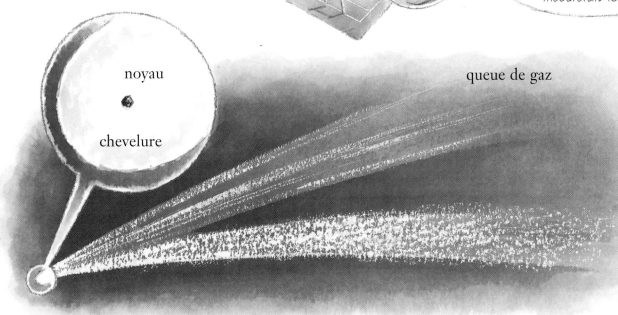

noyau

chevelure

queue de gaz

queue de poussière

De quoi a l'air une comète?

La plupart des comètes sont trop petites et trop éloignées pour être aperçues de la Terre. Mais lorsqu'une comète passe près du Soleil, sa chevelure brillante donne l'impression qu'elle est beaucoup plus grosse et étincelante dans le ciel nocturne.

Une comète qui luit est un spectacle étonnant. Elle brille comme une énorme étoile voilée, avec une longue queue fantomatique.

En 1997, la comète Hale-Bopp a brillé pendant plusieurs semaines grâce à la lumière réfléchie du Soleil. Elle reviendra dans environ 2 400 ans.

UNE EXPÉRIENCE
L'astronomie sur Internet

Il te faut :
- un ordinateur avec accès à Internet
- la permission d'un parent ou d'un enseignant

Sur Internet, tu trouveras plusieurs sites où obtenir des informations sur les comètes et sur l'astronomie. Bon voyage dans l'univers!

Les neuf planètes
http://www.cam.org/~sam/billavf/nineplanets/nineplanets.html

Fédération des astronomes amateurs du Québec
http:/www.quebectel.com/faaq/

Espace jeunesse
http://www.espace.gc.ca/espacejeunesse/index.html

Société d'astronomie de Montréal
http://www.cam.org/~sam/

Cyber Espace
http://www.wdplus.com/cyber/cyberespace.html

L'exploration du système solaire
http://www.astrosurf.org/mars/rceleste/esplorat.html

Comité consultatif sur les météorites et les impacts (Agence spatiale canadienne)
http://dsaing.uqac.uquebec.ca/~mhiggins/MIAC/MIAC.html

Agence spatiale canadienne
http://www.espace.gc.ca/

La météo au quotidien (notre météorologue te donne non seulement la météo, mais aussi des informations sur l'astronomie)
http://www.meteo.org

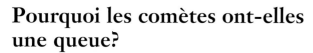

Pourquoi les comètes ont-elles une queue?

Les comètes ont deux types de queue : une queue de gaz et une queue de poussière. Nous les voyons lorsqu'une comète est près du Soleil.

Une queue de gaz est en ligne droite derrière la comète. Elle se forme lorsque des particules chargées d'électricité venant du Soleil, le vent solaire, sont projetées sur la chevelure de la comète.

Une queue de poussière s'éloigne souvent en courbe à partir de la trajectoire de la comète.

Les gaz qui s'échappent expulsent la poussière de la tête de la comète. Comme la queue de poussière est composée de particules solides, elle n'a pas la même forme que la queue de gaz.

Certaines comètes peuvent avoir plusieurs queues de poussière et aussi une queue de gaz.

Le mot comète vient du grec ancien, «astêr komêtês», ce qui veut dire astre à longue chevelure.

10

Pourquoi la queue d'une comète est-elle toujours en direction opposée du Soleil?

Le vent solaire envoie la queue de la comète vers l'extérieur. Comme la queue de la comète n'est pas causée par le mouvement de la comète, elle peut même se trouver à l'avant de la comète.

Un défi à relever : à partir de la photo d'une comète, peux-tu dire dans quelle direction elle va? (Réponse à la page 39)

D'où viennent les comètes?

Les comètes sont des résidus du système solaire. Ces corps de glace s'amalgament dans au moins deux endroits différents. Les comètes de courte durée (celles dont l'orbite tourne autour du Soleil dure moins de 200 ans) sont situées dans la ceinture de Kuiper. Cet anneau de comètes est tout juste à l'intérieur des orbites de Neptune et de Pluton.

D'autres comètes entourent le système solaire dans la forme d'un immense essaim. Cette sphère de comètes est appelée nuage d'Oort, d'après le nom de son découvreur, Jan Oort. Les limites extérieures du nuage d'Oort sont 1 000 fois plus éloignées du Soleil que Neptune et Pluton.

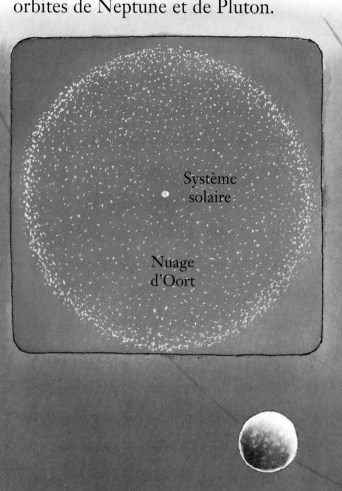

Système solaire

Nuage d'Oort

Comment une comète reste-t-elle en orbite?

C'est la puissance d'attraction du Soleil, appelée gravité, qui maintient la comète en orbite. La gravité maintient aussi la Terre et les autres planètes en orbite autour du Soleil.

L'orbite d'une comète peut-elle changer?

Une comète quitte quelquefois la ceinture de Kuiper ou le nuage d'Oort pour se rapprocher du Soleil. Les scientifiques croient que le passage d'une étoile près du nuage d'Oort peut tirer une comète de ce dernier vers sa nouvelle orbite autour du Soleil. Une comète dans la ceinture de Kuiper pourrait être tirée par la gravité d'une planète comme Neptune ou Pluton.

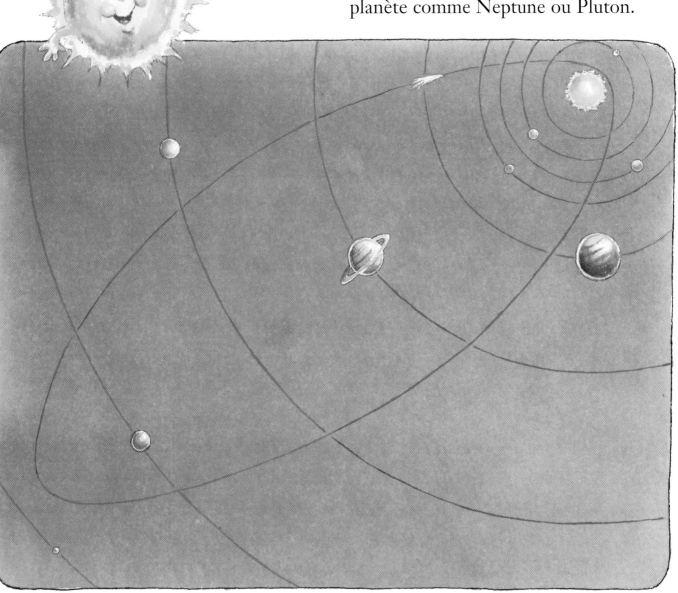

Pourquoi les comètes semblent immobiles?

Les comètes sont très éloignées. Alors, même si elles se déplacent rapidement dans l'espace, nous ne percevons pas leur mouvement. (Quand tu regardes un avion dans le ciel, même s'il se déplace très vite, on dirait qu'il avance lentement parce qu'il est loin.) Pour voir une comète bouger, il faudrait que tu observes sa position pendant plusieurs nuits.

À quelle vitesse se déplacent-elles?

Les comètes se déplacent autour du Soleil à environ 160 000 km/h. Elles sont parmi les corps célestes les plus rapides du système solaire.

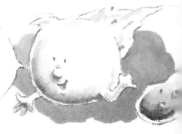

Une comète qui s'est éteinte peut devenir un astéroïde.

Quelle est leur durée de vie?

Chaque fois qu'une comète passe près d Soleil, son noyau perd de la glace, du g et de la poussière. Après environ 500 orbites, elle n'est plus qu'une masse rocheuse.

Mais une comète peut aussi être détruite lorsqu'elle entre en collision av une planète ou le Soleil. La gravité d'un planète qui passe près d'une comète peu la propulser hors du système solaire : on ne la verra plus jamais.

Certaines comètes existent depuis des milliers d'années. En 240 avant Jésus-Christ, des astronomes chinois avaient aperçu la comète de Halley, donc elle a au moins 2 000 ans.

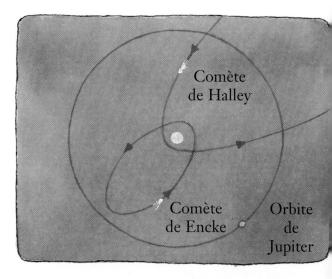

Les comètes avec de vastes orbites durent généralement plus longtemps parce qu'elles passent moins souvent près du Soleil.

QUELQUES FAITS SUR LES COMÈTES

La matière de la queue d'une comète est dispersée si finement qu'un vaste aréna rempli de celle-ci contiendrait moins de matière qu'une cuillerée à thé d'air ordinaire.

En 1976, la comète de West était tellement brillante qu'on pouvait en voir la tête pendant le jour.

Caroline Herschel (1750-1848) a été la première femme à découvrir une comète. Elle a aussi aidé son frère William à découvrir la planète Uranus.

La comète qui passe le plus souvent près du Soleil est la comète de Encke. Elle passe autour du Soleil tous les 3,3 ans.

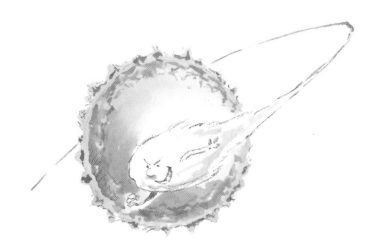

Le noyau d'une comète est de quelques kilomètres de diamètre. Sa chevelure est beaucoup plus vaste : environ 100 000 km. La queue d'une comète est très longue et peut mesurer des centaines de millions de kilomètres.

Qui a pour la première fois prédit le passage d'une comète?

En 1682, Edmond Halley observa la lueur brillante d'une comète dans le ciel de l'Angleterre. Puis il découvrit que deux comètes précédentes avaient suivi la même trajectoire à environ 75 ans d'intervalle.

Halley se rendit compte qu'il n'étudiait pas trois comètes différentes, mais bien la même comète qui revenait. Il écrivit à un ami qu'elle reviendrait vers 1758.

La prédiction de Halley se réalisa au début de 1759, et on donna son nom à la comète, qui revient encore à peu près tous les 75 ans.

Comment les scientifiques prédisent-ils les comètes?

Les astronomes ont utilisé d'anciennes données d'observation de comètes pour identifier environ 180 comètes dont les périodes orbitales sont de moins de 200 ans. Ils observent aussi le ciel avec de puissants télescopes pour trouver des comètes très éloignées de la Terre.

Lorsqu'une comète apparaît, les scientifiques commencent à mesurer sa position. Il leur faut au moins trois mesures différentes pour calculer le reste de son orbite.

Mais toutes les comètes ne se comportent pas de la façon prévue. Parfois, une comète qu'on attendait n'apparaît pas, ou elle se présente différemment de ce qui avait été prédit. Lorsque la comète de Halley est revenue en 1986, bien des gens étaient déçus parce qu'elle n'était pas très brillante.

Comment découvre-t-on de nouvelles comètes?

Les chasseurs de comètes observent le ciel nocturne avec des télescopes et cherchent quelque chose d'inhabituel. Parfois, ils découvrent une tache de lumière brouillée qui ne figure pas dans les cartes du ciel. Ils entrent immédiatement en communication avec d'autres astronomes. Pourquoi si vite? Parce que si le nouveau corps céleste est une comète, elle portera le nom de ou des astronomes qui l'ont signalée.

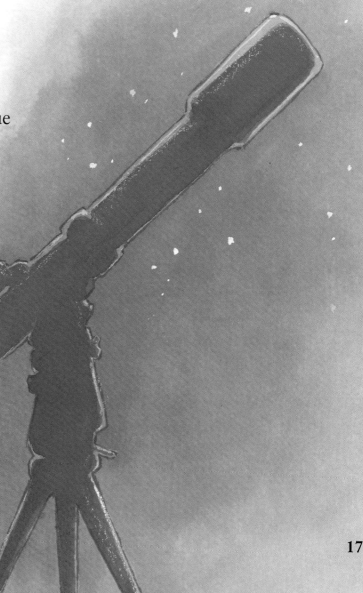

Qu'arrive-t-il lorsqu'une comète heurte une planète?

En juillet 1994, les astronomes du monde entier observaient Jupiter. La planète géante allait être heurtée par la comète Shoemaker-Levy 9, mais personne ne pouvait prédire la force de l'impact. Le 16 juillet, la comète a plongé dans l'atmosphère nuageuse de Jupiter. Certains des 20 fragments de la comète ont produit d'énormes geysers de gaz et des explosions. D'autres ont laissé des traces gigantesques, dont une tache noire plus grosse que la Terre. En quelques jours, la rotation rapide de Jupiter a transformé cette tache circulaire en une bande foncée qui encerclait la planète. Cette bande est restée pendant plusieurs mois avant de disparaître.

Une comète risque-t-elle de heurter la Terre?

Environ 500 comètes croisent l'orbite de la Terre pendant qu'elles voyagent autour du Soleil. Heureusement, aucune ne semble suivre une trajectoire qui l'amènerait en collision avec la Terre. Des comètes ont heurté la Terre par le passé et la heurteront encore, mais la probabilité que tu assistes de ton vivant à un impact considérable est très faible.

Ces photos, prises à des intervalles de 2⅓ images-secondes, montrent l'impact d'un fragment de la comète Shoemaker-Levy 9 avec Jupiter.

Des particules de poussière de comètes entrent dans l'atmosphère terrestre à tout moment. Elles se consument généralement et on les aperçoit sous la forme d'éclairs de lumière brillante appelés météores ou étoiles filantes.

UNE EXPÉRIENCE

Observe les cratères de comètes et d'astéroïdes sur la Lune

Les comètes et les astéroïdes s'écrasent à tout moment sur les planètes et même sur notre Lune. Observe la Lune et tu verras les vastes et profonds cratères laissés par ces impacts.

Il te faut :

○ des jumelles puissantes

○ une nuit sans nuages, la Lune étant à son premier ou à son deuxième quartier (lorsque la Lune est partiellement éclairée, les fortes ombres t'aident à mieux voir les cratères)

○ une chaise longue inclinable

○ la carte de la Lune de cette page

○ une lampe de poche couverte de papier de soie rouge, pour ne pas être ébloui par la lumière

1. Pour que les jumelles ne bougent pas, tiens-les en plaçant tes coudes sur les bras de la chaise (tu peux mettre une planche en travers de la chaise, sur les bras, pour avoir un support confortable).

2. Observe la surface de la Lune avec les jumelles. Compare ce que tu vois avec la carte de la Lune. Tiens la carte pour qu'elle soit alignée avec la vue que tu as de la Lune et observe-la à la lueur de la lampe de poche.

3. Les grandes zones foncées sont des plaines où de la lave a inondé la Lune il y a des milliards d'années. On les appelle «mers» même si elles ne contiennent pas d'eau. Cherche les cratères dans les régions entre les mers.

4. Observe bien les cratères Tycho, Copernic ou Stevinus. Vois-tu les traces qui rayonnent à partir des cratères? Ce sont les motifs formés lorsque le roc a éclaté sous l'énorme impact d'une comète ou d'un astéroïde.

Énigme : pourquoi voit-on tant de cratères sur la Lune et si peu sur la Terre? (Réponse à la page 39)

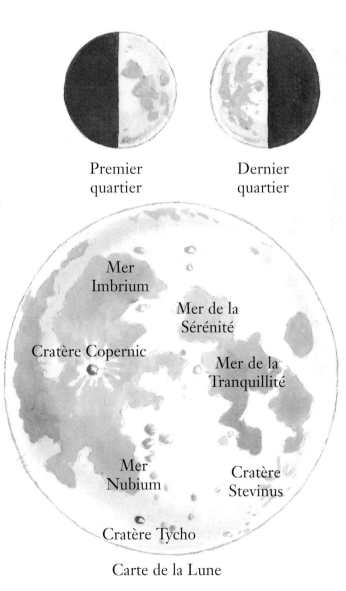

Premier quartier

Dernier quartier

Mer Imbrium

Mer de la Sérénité

Cratère Copernic

Mer de la Tranquillité

Mer Nubium

Cratère Stevinus

Cratère Tycho

Carte de la Lune

Les astéroïdes : des miniplanètes

**La plupart du temps, les astéroïdes flottent
dans l'espace et ne sont pas une menace.
Mais à l'occasion, un astéroïde fonce vers la Terre,
et les conséquences peuvent être désastreuses.**

Ce gros plan de l'astéroïde Gaspra a été pris par le satellite *Galileo*.

Un impact mortel

Un énorme astéroïde, ou peut-être une comète, s'est écrasé sur la Terre il y a 65 millions d'années et a détruit les derniers dinosaures.

Comment cela s'est-il produit? Voici ce qu'on imagine : un tricératops mangeait des fougères géantes et un tyrannosaure allait l'attaquer lorsqu'un astéroïde s'est dirigé vers la Terre. Il mesurait 12 km de diamètre et fonçait à une vitesse 300 fois plus rapide qu'une balle de fusil.

En heurtant la Terre, l'astéroïde a créé un énorme cratère. Des morceaux de roche brûlante volaient dans toutes les directions et, en atterrissant, déclenchaient des incendies.

La fumée des incendies et la poussière se sont élevées au-dessus du site de l'impact. En quelques heures, toute la planète en fut recouverte et le ciel devint noir.

Sans la lumière du Soleil, la plupart des plantes ne peuvent pas vivre. Les animaux n'avaient presque plus rien à manger. Au fil du temps, tous les dinosaures et la plupart des autres animaux sont morts, tués par un visiteur de l'espace.

Comment les astéroïdes se forment-ils?

Il y a environ 4,5 milliards d'années, notre système solaire s'est formé à partir d'un immense nuage tournoyant fait de gaz et de particules de poussière. Ces particules se sont amalgamées pour créer le Soleil et d'autres corps plus petits. Les planètes se sont formées lorsque ces corps sont entrés en collision. Après la formation des planètes, des milliers de morceaux de roc sont restés dans l'espace. Ce sont les astéroïdes.

Leur nom veut dire «semblable à une étoile», mais ils n'ont rien en commun avec les étoiles. Ils ressemblent plutôt à de petites planètes. Les astronomes les appellent «planètes mineures» et «planétoïdes».

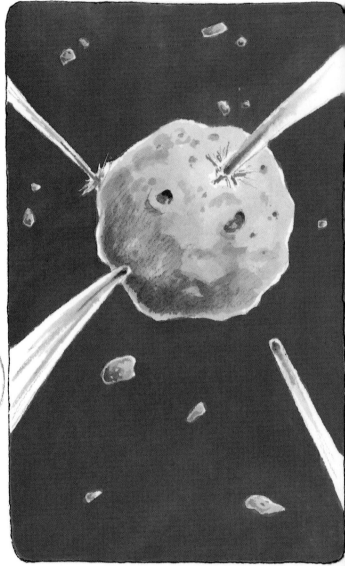

De quoi sont fait les astéroïdes?

La plupart sont faits de roc. On les appelle astéroïdes pierreux. Certains sont fait de fer, de nickel et d'autres métaux. On les appelle astéroïdes ferreux. Quelques-uns sont faits de fer et de roc. Ce sont les pierreux-ferreux.

Quelle est la différence entre un astéroïde et une planète?

Les astéroïdes sont beaucoup plus petits que les planètes et n'ont pas la même forme. Le plupart n'ont pas la gravité suffisante pour former des sphères. Au lieu de ressembler à un pamplemousse, l'astéroïde moyen a plutôt l'aspect d'une pomme de terre cuite au four.

UNE EXPÉRIENCE
Fabrique un détecteur réflecteur

Un astéroïde brille lorsque la lumière du Soleil est réfléchie par lui. Mais les gros astéroïdes ne sont pas toujours plus brillants que les petits. Tu sauras pourquoi en faisant cette activité.

Il te faut :
- une boîte de carton de grosseur moyenne
- une feuille de papier de construction noir
- une minilampe de poche (qui utilise des piles AA)
- plusieurs pièces, vieilles ou neuves, de 1 ¢, 5 ¢, 10 ¢ et 25 ¢

1. Sur une table, place la boîte sur le côté, l'ouverture face à toi.

2. Avec du ruban adhésif, fixe le papier noir au fond de la boîte.

3. Place la lampe de poche à l'intérieur de la boîte, de sorte qu'elle éclaire vers toi et allume-la.

4. Place une pièce dans l'éclairage de la lampe de poche. Déplace la pièce jusqu'à ce que tu voies sur le papier noir la lumière qu'elle réfléchit.

5. Compare la lumière réfléchie par les différentes pièces. Est-ce qu'une pièce de 10 ¢ réfléchit plus de lumière qu'une pièce de 25 ¢? Peux-tu distinguer une pièce de 1 ¢ simplement par la lumière qu'elle réfléchit?

Comme les pièces de monnaie, certains astéroïdes reflètent plus de lumière que d'autres. Selon la matière de sa surface, un petit astéroïde peut être plus brillant qu'un autre deux fois plus gros. Par exemple, Vesta, le quatrième plus gros astéroïde, est plus brillant que Cérès, le plus grand de tous.

Quelle est la taille des astéroïdes?

Cérès, le plus gros des astéroïdes, couvrirait presque la surface de l'Alaska. Il mesure 930 km de diamètre. Vient ensuite Pallas, qui est environ deux fois moins gros et couvrirait le Labrador. Les astronomes ont trouvé environ 200 astéroïdes de plus de 100 km de grosseur, mais la plupart sont beaucoup plus petits. Certains ne sont pas plus gros qu'une maison.

Où trouve-t-on des astéroïdes?

La plupart des astéroïdes sont en orbite autour du Soleil dans une série d'anneaux appelée ceinture principale. Cette large bande plate est située entre les orbites de Mars et de Jupiter. À la différence des zones pleines d'astéroïdes qu'on voit dans certains films de science-fiction, il y a beaucoup d'espace vide entre les astéroïdes de la ceinture. En fait, les sondes spatiales qui sont allées jusqu'à Jupiter et au-delà ont traversé la ceinture d'astéroïdes sans problème.

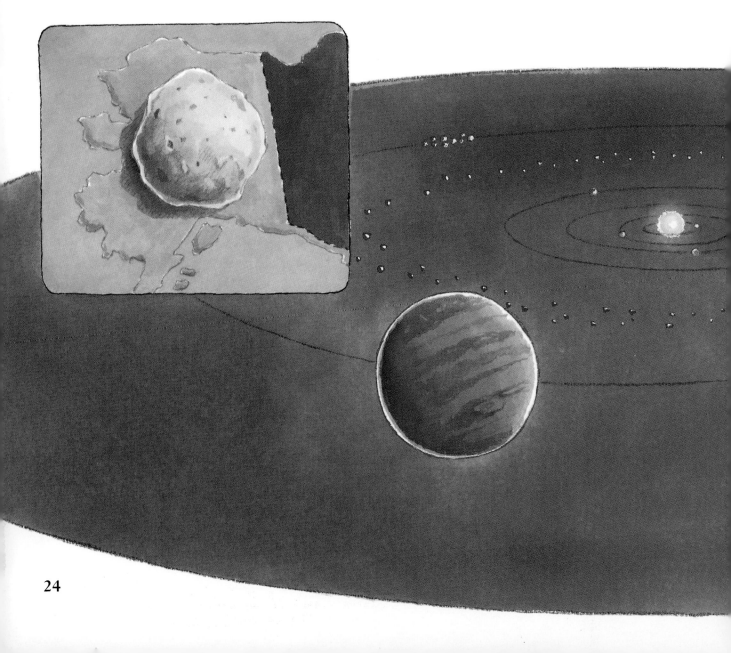

Les astéroïdes quittent-ils leur orbite?

Les astéroïdes entrent parfois en collision. Des morceaux peuvent quitter la ceinture d'astéroïdes et entreprendre une nouvelle orbite.

Certains astéroïdes, les Troyens, suivent la même trajectoire que Jupiter. D'autres, les Amors, croisent l'orbite de Mars. Les Apollos, eux, croisent régulièrement l'orbite de la Terre.

On voit à la surface de la Lune les traces d'innombrables impacts de comètes et d'astéroïdes.

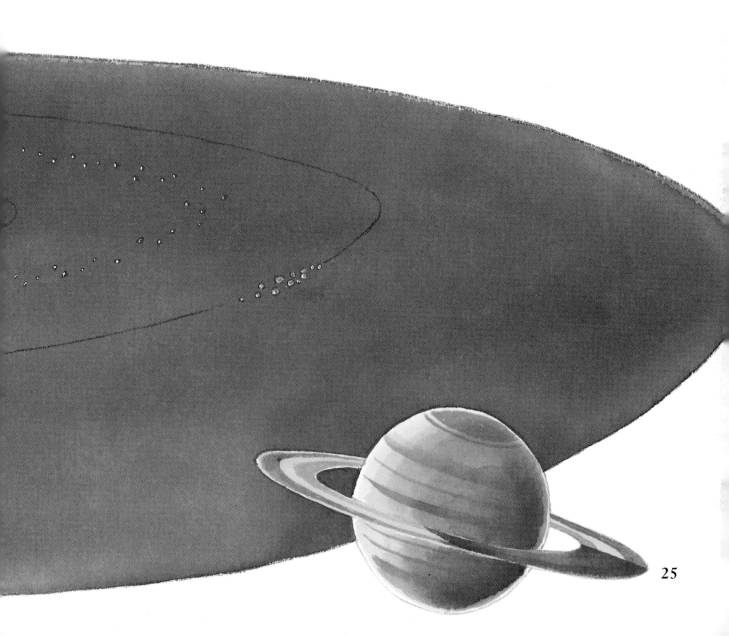

Comment a-t-on découvert les astéroïdes?

En 1800, les astronomes savaient déjà que la plupart des planètes semblaient espacées d'une façon ordonnée. Ils se demandaient pourquoi il y avait un si grand écart entre les orbites de Mars et de Jupiter. Y avait-il une planète manquante?

En 1801, un moine italien, Giuseppe Piazzi, découvrit un petit objet en orbite autour du Soleil, entre Mars et Jupiter. Il l'appela Cérès, le nom de la déesse romaine des moissons.

Mais Cérès était trop petit pour être une planète. Les astronomes décidèrent que c'était un astéroïde parce que, dans leurs télescopes, il ressemblait à une petite étoile. En quelques années, plusieurs autres astéroïdes ont été découverts.

Y a-t-il de la vie sur les astéroïdes?

Pour autant que nous le sachions, il n'y a pas de vie sur les astéroïdes. Cependant, certains astéroïdes contiennent de l'eau, du carbone et d'autres composés nécessaires à la vie. La vie sur Terre a peut-être commencé lorsque des astéroïdes ont transporté ces composés sur notre planète il y a des milliards d'années.

QUELQUES FAITS SUR LES ASTÉROÏDES

Si tu pouvais réunir tous les astéroïdes de la ceinture d'astéroïdes, tu obtiendrais une boule plus petite que notre Lune.

Vesta est le plus brillant des astéroïdes. Si tu sais exactement où il se trouve, tu peux le voir avec des jumelles.

De petits astéroïdes passent souvent près de la Terre à une distance plus petite que celle qui la sépare de la Lune.

Environ 5 000 astéroïdes ont reçu des noms et des numéros officiels. Les astéroïdes 3350 à 3356 ont reçu le nom des astronautes morts lors de l'explosion de la navette spatiale *Challenger*.

Mars a deux lunes, Phobos et Deimos. Ces petites lunes à la surface irrégulière sont peut-être des astéroïdes attirés par la gravité de Mars.

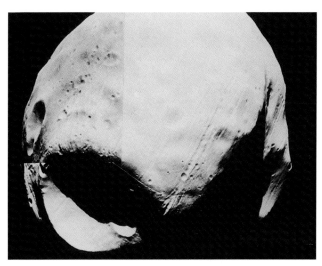

Phobos, la plus grosse des deux lunes de Mars, mesure environ 22 km de diamètre.

Comment les scientifiques étudient-ils les astéroïdes?

Même au télescope, les astéroïdes ressemblent à de petits points lumineux. Pourtant, les astronomes sont capables de trouver ce qui les compose en analysant la lumière qu'ils réfléchissent.

Pendant son voyage vers Jupiter, en 1991, la sonde spatiale *Galileo* a pris des photos de l'astéroïde Gaspra. Ces tout premiers gros plans d'un astéroïde montraient un corps céleste rocheux, couvert de cratères. *Galileo* a aussi envoyé des photos de l'astéroïde Ida. Les scientifiques n'en revenaient pas : Ida avait sa propre minilune!

La mission *NEAR (Near-Earth Asteroid Rendezvous)* de la NASA, l'agence spatiale américaine, vise à s'approcher de l'astéroïde Eros en 1999 et à renvoyer sur Terre une foule d'informations nouvelles.

L'astéroïde Ida a sa propre minilune.

Un astéroïde heurtera-t-il la Terre?

Des astéroïdes sont entrés en collision avec la Terre par le passé et le feront aussi dans l'avenir. Quelques astronomes étudient les astéroïdes proches de la Terre pour prédire le prochain gros impact.

En mars 1998, les astronomes ont annoncé qu'un énorme astéroïde entrerait en collision avec la Terre en 2028. Heureusement, ils ont modifié leur prévision quelques jours plus tard : de nouvelles données montraient que l'astéroïde passerait plus loin de la Terre.

Si on détecte un astéroïde qui se dirige vers la Terre, des fusées et des explosifs pourraient servir à l'éloigner de notre planète.

UNE EXPÉRIENCE

Des astéroïdes percutants

Imagine deux astéroïdes de la même dimension qui se dirigent vers la Terre à la même vitesse. Lequel la heurterait avec le plus de force : celui qui est fait de roche ou celui qui est fait de métal? Tu le découvriras en faisant cette activité.

Il te faut :
- un caillou d'environ la moitié de la grosseur d'une balle de tennis
- environ 200 pièces de 1 ¢
- une tasse à mesurer
- de l'eau
- deux petits contenants de yogourt

Étape 1 : comparer les volumes de la pierre et du métal

1. Place le caillou dans la tasse à mesurer. Verse assez d'eau pour atteindre la marque de 250 ml.

2. Retire délicatement le caillou de la tasse. Note à quel niveau l'eau a baissé. La différence te montre le volume du caillou que tu as retiré.

3. Mets dans la tasse assez de pièces de 1 ¢ pour remplacer le volume du caillou. Arrête lorsque l'eau atteint de nouveau la marque de 250 ml.

4. Jette l'eau. Mets les pièces de monnaie dans un contenant de yogourt et le caillou dans l'autre. Comme deux astéroïdes de la même dimension, tes contenants ont maintenant des volumes semblables en pierre et en métal.

Étape 2 : comparer la masse

Prends dans une main le contenant avec le caillou et, dans l'autre, le contenant avec les pièces de monnaie. Lequel est le plus lourd?

Comme tes échantillons, un astéroïde de métal est plus lourd (et a plus de masse) qu'un astéroïde pierreux de la même dimension. Dans une collision avec la Terre, l'astéroïde de métal produirait un impact plus grand.

Les météorites : des roches venues du ciel

Chaque jour, des envahisseurs rocheux venus de l'espace pénètrent l'atmosphère terrestre. Les plus petits se consument avant d'atterrir, laissant des traces lumineuses brillantes appelées météores. Les plus gros s'écrasent sur le sol; on les appelle alors météorites. Depuis des siècles, ces roches venues du ciel ont terrifié et fasciné les gens.

Il y a environ 40 000 ans, une météorite de fer grosse comme une maison s'est écrasée dans le désert de l'Arizona et a laissé un énorme cratère, appelé «Meteor Crater», d'un diamètre de 1,2 km.

Légendes du passé

Dans bien des pays d'Europe, les gens croyaient qu'un météore voulait dire que quelqu'un venait de mourir.

Les autochtones du nord de la Californie disaient que les météores étaient les âmes de leurs chefs qui voyageaient après leur mort.

Un peu partout dans le monde, les gens font un vœu lorsqu'ils voient un météore.

Dans l'Égypte ancienne, on ne savait pas comment extraire le fer du sol. Le seul fer disponible venait des météorites. Les Égyptiens ont donné un nom spécial à ce métal rare qu'ils utilisaient pour faire des outils ou des armes : les «pierres du ciel».

Dans la Grèce antique, on avait placé une météorite de grosse dimension dans un temple sacré. Les Grecs disaient que c'était la déesse Artémis qui était tombée du ciel.

Les légendes allemandes anciennes parlent de météorites contenant d'étranges choses : des messages des morts, ou encore du jambon, du vieux fromage, de l'argent, de l'or et des pièces de monnaie.

Quelle est la différence entre un météoroïde, un météore et une météorite?

Un météoroïde est un petit débris laissé par une comète ou un astéroïde.

Un météore est un trait lumineux que tu vois lorsqu'un météoroïde se consume en entrant dans l'atmosphère terrestre.

Une météorite est un météoroïde qui survit à son passage dans notre atmosphère et atterrit sur la surface de la Terre.

Pourquoi les météores sont-ils si brillants?

Lorsqu'un petit météoroïde entre dans l'atmosphère terrestre, il peut se déplacer plus vite qu'une balle de fusil. L'air au-devant de lui devient vite si comprimé et réchauffé que le météoroïde se met à briller. Pendant une seconde ou deux, un météore brillant traverse ainsi le ciel. Sais-tu que certains des météores les plus brillants sont produits par des météoroïdes pas plus gros qu'un raisin.

On appelle souvent les météores «étoiles filantes», même si ce ne sont pas des étoiles.

De quoi les météorites sont-elles faites?

Les météorites sont faites de métal ou de roche, ou des deux. La plupart sont des morceaux d'astéroïdes qui se sont détachés à la suite d'une collision entre deux astéroïdes.

La roche d'une météorite de type astéroïde est aussi vieille que le système solaire. Si une météorite est faite de roche plus jeune, les scientifiques savent qu'elle vient probablement de la Lune ou de Mars à la suite d'une grosse collision survenue entre un astéroïde ou une comète.

Les petites météorites, appelées micrométéorites, arrivent vers la Terre sous forme de poussière. Parce qu'elles sont très légères, elles ne se déplacent pas assez vite pour se consumer en entrant dans notre atmosphère. La plupart proviennent de la queue d'une comète. Chaque année, 40 000 tonnes de micrométéorites tombent sur la Terre.

Le météoroïde qui est observé dans les airs est appelé un météore; s'il atteint la surface de la Terre sans se consumer, c'est alors un météorite.

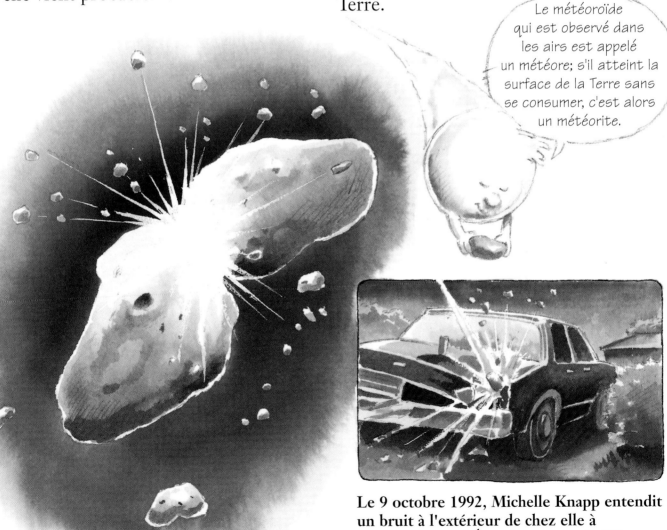

Le 9 octobre 1992, Michelle Knapp entendit un bruit à l'extérieur de chez elle à Peekskill, dans l'État de New York. Elle découvrit qu'une météorite de la taille d'un ballon de football était tombée sur sa voiture.

Que sont les pluies de météores?

Les pluies de météores sont l'apparition de nombreuses météores pendant la même nuit. Elles se produisent lorsque la Terre passe à travers le nuage de poussière laissé par une comète. La Terre traverse plusieurs de ces nuages chaque année en parcourant son orbite autour du Soleil, de sorte que nous voyons au même moment chaque année les pluies de météores les plus célèbres.

Qu'est-ce qu'une boule de feu?

Une boule de feu est un météore très brillant produit lorsqu'un gros météoroïde plonge vers la Terre. Certaines boules de feu sont si brillantes qu'on peut les voir le jour. Elles sont souvent accompagnées d'une série de bruits d'explosion ou de sons de tonnerre. Certaines explosent même dans le ciel.

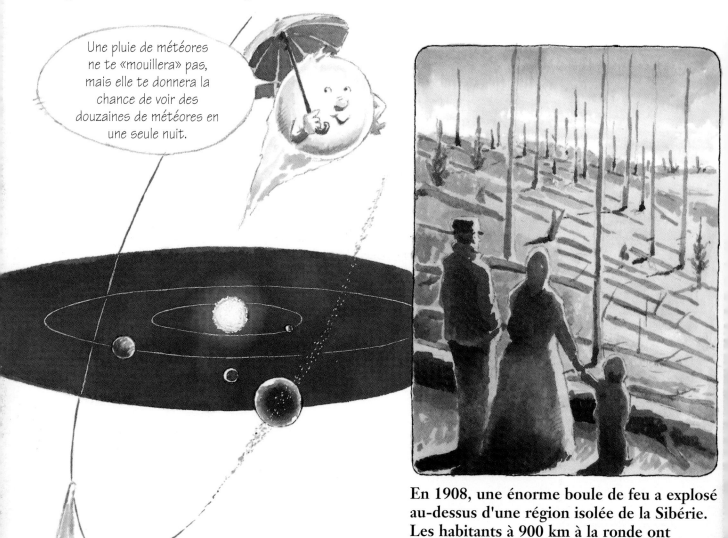

Une pluie de météores ne te «mouillera» pas, mais elle te donnera la chance de voir des douzaines de météores en une seule nuit.

En 1908, une énorme boule de feu a explosé au-dessus d'une région isolée de la Sibérie. Les habitants à 900 km à la ronde ont entendu le bruit d'explosion. La boule de feu a abattu les arbres dans un rayon de 32 km. L'explosion a été beaucoup plus forte que l'éruption du volcan St. Helens en 1980.

UNE EXPÉRIENCE

Observe une pluie de météores

Les pluies de météores se produisent lorsque la Terre traverse la poussière laissée par une comète. On peut voir des pluies de météores au même moment chaque année. Leur nom vient de la constellation d'où elles semblent provenir.

Voici les noms et les dates* des pluies de météores les plus connues :

Quadrantides	3 janvier
Aquarides êta	6 mai
Perséides	12 août
Orionides	21 octobre
Léonides	18 novembre
Géminides	13 décembre

*Tu peux aussi voir des pluies de météores quelques nuits avant et après ces dates.

Il te faut :
- un calendrier avec les phases de la Lune
- une nuit sans nuages et sans lune
- un endroit d'où tu as une vaste vue sur le ciel
- des vêtements chauds
- la permission d'un adulte de rester éveillé vraiment tard

1. Sur un calendrier, indique les dates des pluies de météores. Cherche les pluies qui se produiront à la nouvelle lune ou pendant un quartier. Organise une séance d'observation du ciel pendant ces soirées.

2. Reste dehors le plus tard possible. Les Géminides peuvent être vues vers 22 h, mais le meilleur moment pour observer les pluies de météores est après minuit, lorsque le côté où tu habites sur la planète est orienté directement vers le nuage de poussière de la comète.

3. Évite les lumières brillantes pour que tes yeux ne soient pas éblouis. S'il fait assez chaud, étends-toi sur le sol pour être plus à l'aise.

4. Arme-toi de patience et observe le ciel. Cherche des traînées de lumière brillante qui durent environ une seconde. Par une nuit sans lune et sans nuages, tu peux voir une météore à toutes les minutes ou deux. Si tu es près des lumières de la ville ou si la Lune est brillante, il sera plus difficile de voir les météores.

Qu'est-ce qui arrive lorsqu'une météorite tombe sur la Terre?

Des micrométéorites tombent tout le temps sur la Terre et nous ne les remarquons même pas. De gros morceaux de roc peuvent tomber dans l'océan ou le désert et ne sont jamais observés. Mais parfois, on a des surprises. En 1954, Mme Elizabeth Hodges a subi de graves contusions lorsqu'une météorite a traversé le toit de sa maison, en Alabama. Mme Hodges est la seule personne connue à avoir été frappée par une météorite.

QUELQUES FAITS SUR LES MÉTÉORITES

La plus grosse météorite du monde est tombée dans le sud-ouest de l'Afrique. On estime qu'elle pesait plus de 50 tonnes.

En 1911, un chien a été tué par une météorite qui est tombée en Égypte. Les scientifiques ont découvert qu'elle venait de Mars.

Le 26 avril 1803, des milliers de petites météorites sont tombées sur une ville près de Paris, en France.

Les scientifiques de la NASA étudient une météorite formée sur Mars et qui a atterri dans l'Antarctique. La météorite pourrait contenir des fossiles microscopiques. Les scientifiques se demandent s'il y a déjà eu de la vie sur Mars.

UNE EXPÉRIENCE

Crée des cratères

Observe ce qui se passe lorsqu'une météorite atterrit sur le sol. Cette activité peut être salissante : avant de commencer, demande la permission d'un adulte.

Il te faut :
- un grand seau de plastique
- 500 ml de farine
- 50 ml de cacao en poudre
- un tamis
- un vieux journal
- trois billes

1. Mets la farine au fond du seau. Lisse la surface le plus possible.

2. Saupoudre le cacao sur la surface de la farine, avec le tamis.

3. Étale le journal sur le plancher et mets le seau dessus.

4. Fais tomber les billes une par une dans le seau.

5. Retire soigneusement les billes et observe tes cratères.

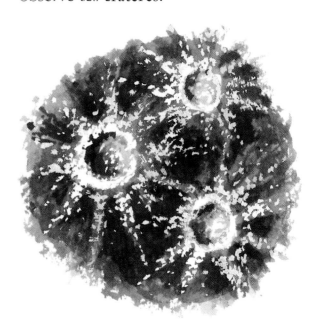

Lorsqu'une grosse météorite heurte la Terre ou la Lune, elle disperse du roc dans toutes les directions. Le cratère qu'elle produit a souvent un rebord surélevé. Peux-tu observer ces caractéristiques dans tes cratères?

Pourquoi étudier les comètes, les astéroïdes et les météorites?

Bien qu'ils viennent de l'espace, les comètes, les astéroïdes et les météorites peuvent nous aider à comprendre notre monde. Les scientifiques essaient de répondre à de nombreuses questions. Les comètes ont-elles apporté l'eau sur notre planète? Combien de fois des astéroïdes sont entrés en collision avec la Terre? Est-ce qu'une météorite de Mars peut révéler quelque chose sur l'ancienne vie sur cette planète?

Les astéroïdes pourraient servir de «stations-service» pour les voyageurs de l'espace ou être exploités pour en extraire des minéraux précieux. En suivant le déplacement des comètes et des astéroïdes, nous pourrions être capables de nous protéger contre une collision désastreuse.

Nous avons appris beaucoup de choses sur les comètes, les astéroïdes et les météorites, mais bien des questions demeurent sans réponses. Les astronomes poursuivent leurs recherches pour en apprendre davantage sur ces corps célestes fascinants.

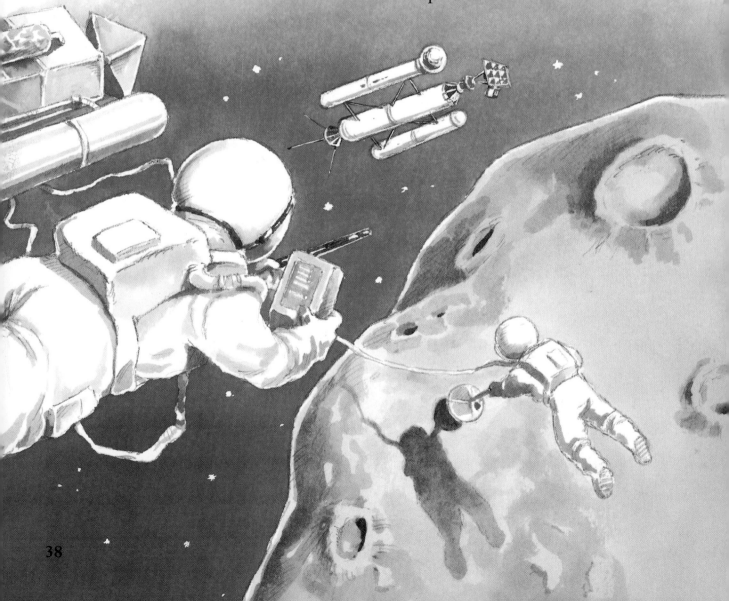

Glossaire

astéroïde : objet rocheux en orbite autour du Soleil.

astronome : personne qui étudie les étoiles, les planètes et les autres objets de l'espace.

atmosphère : couche de gaz qui entoure une planète.

boule de feu : météore très brillant qui dure longtemps.

chevelure : énorme nuage de gaz et de poussière qui entoure le noyau d'une comète.

comète : boule de glace et de poussière en orbite autour du Soleil.

cratère : trou rond créé par une collision avec une météorite, un astéroïde ou une comète, ou par l'éruption d'un volcan.

gaz : type de matière composé de minuscules particules non reliées les unes aux autres et qui peuvent donc se déplacer librement dans l'espace. L'air est fait de plusieurs gaz.

geyser : gaz ou liquide qui jaillit de la surface d'une planète ou d'une lune.

gravité : force d'attraction invisible qui attire tous les objets de l'univers les uns vers les autres.

jumelles : instrument qui aide à mieux voir les objets éloignés.

lune : corps céleste de petite dimension en orbite autour d'une planète ou d'un astéroïde.

masse : quantité de matière dans un objet.

météore : éclat de lumière produit par un morceau de roc ou de poussière qui traverse l'atmosphère terrestre en se consumant.

météorite : roche de l'espace qui est tombée sur la Terre.

météoroïde : morceau de poussière ou de roc dans l'espace.

micrométéorite : minuscules particules dans l'espace qui tombent sur la surface de la Terre.

noyau : cœur d'une comète.

orbite : trajectoire autour du Soleil. Les planètes, les comètes et les astéroïdes ont tous une orbite.

planète : corps céleste de grande dimension en orbite autour d'une étoile et ne produisant pas sa propre lumière. La Terre est une planète en orbite autour d'une étoile appelée Soleil.

sonde spatiale : vaisseau spatial ressemblant à un robot et sans équipage.

système solaire : le Soleil, ses planètes et leurs lunes, ainsi que d'autres corps plus petits en orbite, comme les astéroïdes et les comètes.

télescope : instrument grâce auquel les objets éloignés semblent plus près. On utilise souvent les télescopes pour observer les comètes et les astéroïdes.

vent solaire : particules chargées d'électricité qui quittent le Soleil.

RÉPONSES

Page 11 : Non, on ne peut pas dire, à partir d'une photo, dans quelle direction se déplace une comète. La queue d'une comète est toujours dirigée à l'opposé du Soleil; elle ne voyage donc pas toujours derrière la comète.

Page 19 : Sur la Terre, les cratères sont érodés par la pluie, le vent et la neige. Comme il n'y a pas de tels phénomènes météorologiques sur la Lune, ses cratères durent des millions d'années.

Index